빛의 비밀

궁주승운

문경출판사

天

차 례

천상으로부터 수호신이 전하는 메시지

태양의 영적인 신비로운 빛과 인간의 높은 영의
빛은 흐르는 시간에 변화되는 모습을 함께함을 잊지마라.
너희의 마음을 담은 기도를 원하며 간절함으로 다가오라.
너희의 마음에서 가는 길이 더욱더 크며
인간의 아름다운 마음으로써 융화하는 것과
진실을 담아야 한다는 것을 잊지 마라.
너희의 삶을 소중히 여기되 자신을 사랑해야 한다.
영적 기도로 소통하는 자 그 길을 배워가며 빛의
신비로움을 아는 자가 하늘의 법칙을 가지게 되리라.
세상의 모든 일이 너희의 뜻대로 되지 않는 듯 하나
너희는 마음의 길로써 그 방법을 알지 못하기 때문이다.
빛의 시간은 인간의 시간과 같지 않으므로 기도하는 방법과
원합의 길을 배워야 하며 그 때를 기다려야 한다.
사랑하는 법을 배워라.
지금의 자신의 삶을 탓하지 마라 그리고 벗어나려 하지 마라.
주어진 삶을 사랑해야 한다.
하늘의 신비로운 빛 속에서 삶을 바꾸어 나아가는
법을 배워라.

그것이 더 큰 사랑을 배워가는 길이다.

너희의 육체를 걱정하기보다는 너희의 평온한 심장이 되기를 기도하며 실천하라.

이것이 너희의 육체를 보호하는 길이기 때문이다.

이 세상에 빚을 지지 마라.

너희가 갚을 수 없기 때문이다.

오지 않은 근심을 미리 걱정하지 마라.

마음의 기도로써 가장 아름다움을 바라며 기도하라.

영적인 신비로운 빛의 힘이 존재한다는 것을

잊지 마라. 영적인 빛의 신비로움은 우주의 원리이며

시간과 공간이 그 빛을 전달하며 하늘과 지상의

그 힘이 결합할 때

너희의 간절한 마음으로부터 함께하게 된다.

영적인 빛은 너희를 위해 존재하기 때문이다.

사랑을 아끼지 마라.

너희가 쓰고 가기에도 부족한 시간이기 때문이다.

옳은 법을 배워라.

어리석음으로 인하여 옳지 않은 법을 배워가며
시간을 허비하지 마라.
뜻은 하나에서 오는 것이며 이룰 수 있다는
희망의 확언으로부터 이루어진다는 것을 잊지 마라.
그러기 위하여 기도의 신비로운 빛의 방법과 자신의 의식의 영의 훈련을 통하여 내면을 이루는 훈련을 해야 한다.
긍정의 눈으로 자신을 바라보며 스스로 사랑하는
방법과 영적인 빛의 신비로움을 확인할 수 있는
훈련을 멈추지 마라.
그것이 곧 너희가 평안할 수 있는 길이 되는 것이다

천부경

일시무시일석삼극무

진본천일일지일이인

일삼일적십거무궤화

삼천이삼지인삼인이

삼대삼합육생칠팔구

운삼사성환오칠일묘

연만왕만래용변부동

본본심본태양앙명인

중천지일일종무종일

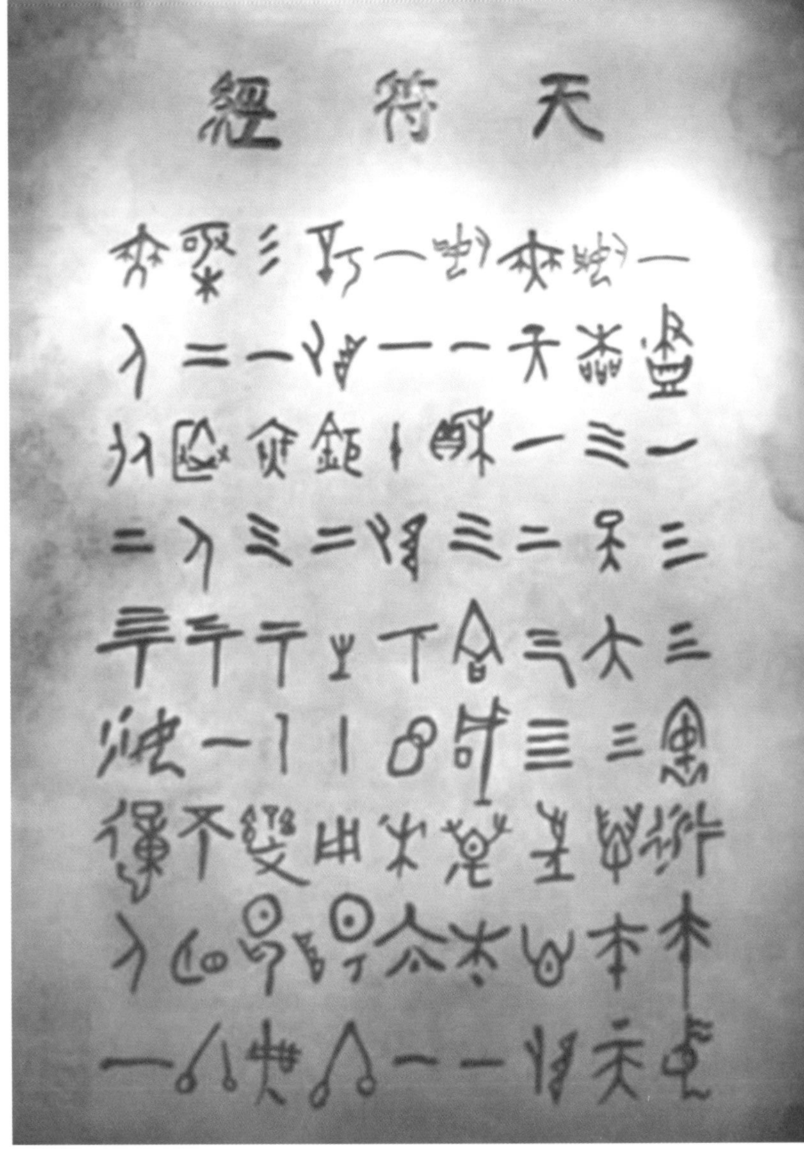

천상 황후경

천하천심일심봉주

대도진리명천하

일심무의태극도

여래삼불마족부

마하반야바라밀다

무흑구

천황경

일체십대 대분별

원희 청정 대륜허정

만천하제 오제

지지천하 대천하 귀삼

(태양의 영적인 신비로운 빛이 비추니

자신의 영적인 빛이

내일의 일도 알 수 있으리라)

천상전경

보천불 미천불 유천불 아보계
도계나 라니라 도도오냐 이바다
침약십바 다야루고 나오 남오계
해오라 댜다나냐 십악알 다나냐
다보계 사하야 십약사보계 이사계
남보라 삼아로보 지나야 다오계
섭치섭치 다다나냐 후암지보계
단다냐 혜혜 야다 라라 두해다사냐
다보함
보리십 보리십 내해보라 보리십
나보라 나보라 내해오라 나보라
아햐다 대바라 해바라계 다요계

(천상의 뜻을 세우는 것은 인간에게
가장 이로운 빛을 주기 위함이며
태양의 영적인 빛 속에 모든 것이 들어 있으리라.)

천바라도

욕타욕타 마라사라
천수야 천수야 하야하라 나마사
돈사라나 주바라야 다모다
위하야 디바야 살바야 다바야
혜혜 하라가야 니모다나야
햐햐 살바모다나 보다야
니바나 야바야
도로도로 나모다

(천지야를 바라고~ 명으로 내리실제
인간의 고통이 영적 신비로운
빛을 통하여 평안하며
천궁구별 지인지별 예상 못한 구별법도
빛으로써 알아내니 선택 못한
선과 악을 구별하여 가르치고 배우느리라)

천 언

(태양의 영적 빛의 소리)

이 세상은 하늘과 하나인 이유
또다시~ 이 같은 세상을 맞이하여서
사바세계 오기를 기다리지를 말며
허락한 시간 속에 빌고 닦으며
인간의 무지함을 버리고 나서야
착한 마음 선한 마음 가지고 가면
번뇌도 고통도 축복임을 알게 되리라.
보잘것없는 삶일지라도 귀히 여기고
하늘의 뜻을 보고 네가 원하면
가리지도 원하지도 않을 것 같이

빛으로나 ~ 소리로나~
어둠이나~ 밝음이나~
하늘이 주관하는 이유가 있을진대
인간 세상 어리석어 고통 겪는
시간들의 ~
시간 사이 버려지게 기도하여라

하늘의 울림을 모르는 자여
하늘의 뜻을 보고 네가 믿으면
마땅히 엎드려서 기도하여라.
이 기도를 하늘이 들을 때에는
이 같은 너의 마음 열어주리라

칠성여래(1)

바라지는 모든 것에 근본이 있고
내려지는 모든 것에 뜻이 있으니
보고지고 듣고 지는 많은 것들은
다함도 아니요 끝도 아니니
줄기 빛을 보지 못해 모른다 하나
애가 타고 슬퍼지니 나를 찾는가
두려움은 하늘의 가치를 모르는 것이요.
슬퍼짐은 인간의 의지를 모르는 것이라.
이 또한 너희가 가를 수는 없으며
원함이나 바름이나 같이 가거늘
인간의 욕심으로 보지 못하니
하늘은 끊임없이 가르치니라
세상에 없는 것도 있는 것도
복된 것은 나였으며
무지연화 진리도 나였느리라.

칠성여래(2)

(하늘의 진리는 빛으로도 볼 수 있고
소리로도 들을 수가 있으니
너의 밝은 마음으로
뜻을 이루게 되리라.)

생불생조 불조대심
아불삼조 대삼불
조심이자불 대자불
소래사불 미사불

불조대화합경

염력불구 주천자

행불심묘 대화경

육화미묘 자연족화

생화불조 내조심

화불삼조 대심부

악조삼부 마불삼

역신화 주요사시삼

(악이 선에게 쓰는 힘은 매우 짧으며 선은 인간이 가져야 하는
본질이기에 자신을 가장 두려워하며 바름의 길로써
평안의 삶을 선택하는 것이 빛으로서
그 쓰임을 크게 받으리라.)

신의 소리(시간경)

하하~ 유계

아어이 이이

예~ 에~ 하마

이이~예~아~아니

이~니~이~이이

우예어우오아아~

하늘 부심연

천부심 미미거

대천여하 부리심

만부루 대하주사

아라 아래나 두바사

하루아 하루아

누바사 두바사 두바사

하리야 하리야

엘루 바다사

나마 나마 디베라

하늘 주문언

1. 바라 바하야 아바바하
도하라 대하바 대바사다
아바라 바토사바 단대라바

*(천상의 주문으로써 영적인 자연의 빛의
소통으로써 인간의 간절함의 빛의 길을 열다.)

2. 이투바 단대호
두바라 나다라때
위타위타 탄바라
이토바야

*(우주의 영적인 빛에 그 합을 이루어 소원을 말하다.)

3. 아두루 대사라 미사
발로타 이두라바타
아도라 아도라 칠마 두타미

*(역신화의 창조함이며 행하는 마음이 아닌
비우는 마음으로써 그 힘을 갖는다.)

불화 천이서

생화심경 자연화분
내심천이 주둔화보
야후대상 이천주사
도사지평 인증지화
마도내산 지평지화
도화불상 지난자해
노희토불 난유비사
일심부 대심부 묘현부천
두피자비 모불자위
막유대천 유지하사
묘불이불 좌천지사
천시불위 매우두사

*(너희가 얻어지는 것은 반이요 내려지는 것 또한 반이라.
버려진 것과 얻어지는 것이 반반이니, 욕심에
진귀함이라 가려진 근본을 찾지 못함이니
나머지는 마음을 내려놓으니 얻어지는구나
그러하면 갖지 못할 것이 없고 얻지 못할 것이 없다.

금서 (일장)

만도흐라나 이부바나야 바하
도나냐 나라타 이브수아
젠타니아야
도크다냐리타 비사냐
오리나라냐 엘로하리야
마하샤브니에다
도르도토 모브니비야
슈그르 티아냐

*(손은 두 개이나 하나이며
입은 하나이나 천 개의 말을 하며
업은 지었으면 버려야 하며
선은 작은 것을 크게 만들어 낼 수 있으니
천은 매이는 것이 아니라 따르는 것이며
지는 숭배하는 것이 아니라 함께하는 것이니
인은 선행에서 빌고 감이 마땅하다.
그리하여 고통이 다시 축복으로 돌려받으니
천이 곧 너희의 곁에 찾아오는 빛이 되리라.)

금서 (이장)

태양양 수반하다야
수행성 목행다다양하나니

*(열(빛)으로 인하여 물이 마르고
물이 넘치나니 때가 이르고 다다르면
그것이 곧 옳은 것을 알게 되니
너의 인간 또한 가히
고통스러움도 지나가리라.)

금서 (삼장)

소반하다야 가하 만다라

육체기 라다 소곤도 별이 가다라

이부수아 도타니아

수루수아 마브니아

스부스아 스부스아

젠타니아 보르수아

이루수아 이루수아 나타니바야

얄리나냐 도크 미란냐 수비바이아

*아르바 미샤다라

도니라바라 바라 미사아*

*언제나 원하는 것을 이룰 수 있다.

빛은 작은 것에도 간절함이 닿으면 큰 힘을 발휘한다.

차분히 마음의 눈으로 길의 힘을 부르면 뜻이

무엇인지 알 수 있으며 자기의 몫이 큰 것과 작은 것을 빛으로부터 행하면 알 수 있게 된다.

*많은 것을 얻음이 아닌 진정한 나의 것을 얻기를 원하라. 간절함은 영적인 빛의 신비로움에 빛을 더하며 빛의 도움의 길은 인간이 알지 못하면 쓰지 못한다. 인간의 높은 영의 지혜를 키움으로써 신비로운 영적인 빛의 길을 만나게 되니, 소원하는 바름의 마음으로 담은 빛은 영적인 신비로운 빛이 함께하리라.

금서 (사장)

일태명 불이타

마도라 주신부

천명 여려하에

부신천 지고지다

*불고에 부는 바람은 인간이 마다할 수 없으며
천명에 뜻이라 함은 거스를 수 없기에
행하려거든 바름으로
자신의 마음의 길을 두려워하지 말며
속이 겉인 듯 겉이 속인 듯 행하여야 하며
마음에서 덕이 있거든 실천해야 마땅하며
나중에는 없게 되니 머물지 말고 행하여라.
마음으로 세상의 이치를 바라보는
지혜로움에는 그 길이
전혀 다름을 깨닫게 될 것이다.

하늘빛 주문 1

아다카 아다카

수달라 수와

본다 본다

야다 야다

아도에 아도미 두타

두다미라 발라

(나의 소리는 작으나 큰 힘이 나를 지키며
낮은 목소리가 너 자신을 말하게 하니
오늘 너 자신이 바라보는 것에 원함이 있으니
너의 영이 말하기를 원하여라
그러하면 빛으로 답을 들으리라)

하늘빛 주문 2

천해술해 돈다마 순화야
술해지해 다붐비 다바하야
일시붐비 미지나야
서바나 아루타
탄바탄바 바토야
이수라 마라마라 벨리리베나
수행양 야바나
이수도라바야 마수라 발로타

(오늘이 곧 내일이 되나니 머물지 아니하며 흘러가는 것이며
또다시 오는 시간을 근심으로 갖지 말라
이것이 욕심인가 바램인가 스스로 물으되
육체가 빈번하여 모은 재물은 몸이 허약하리라
근심을 많이 한 재물은 마음이 허약하리라
자신에게 오늘 마땅히 바름의 시간을 살았는가
물으면 스스로 삶을 알 수 있으리라
근심에는 덕이 없으니 마음으로부터 긍정을 새겨라
그것이 새로운 길을 만들어내는 빛의 길이 되리라.)

하늘빛 주문 3

영로 영로 일수에 자비하고
빛이라, 사랑이라 물처럼 주었으니
귀함이 그러하듯 쓰임을 가지라거늘
알지 못하거든 쓰기가 어려우리라
손해천지가 나를 부른다 하더라도
내가 갖지 아니하면 어찌 내가 길을 알까?
편하디 편한 것은 다 가질까 하더라도
결국 하늘이 비추는 건 하늘의 빛이구나
아수지오 일만일만 즈즉하길 바라여니
내수연민에 가지가 주어지니
선함과 이룸이 오늘의 길을 찾아가기에 빛의 작음을
갖지 말며 빛의 사랑의 깨달음을 품어내라 이르나니

돈다마 돈다마
이수도 부밤비
나비나비 나타야
나비수아라
이투탄바 부타바

하늘빛 주문 4

도라나타 나리아
나라다 라다다
몬다나 몬다나 라쉬다라
몬다나 몬다나 나라다타

(모래 위에 집을 짓는 것이
맞지 아니하는 것처럼 삶도 그러하듯
마음으로부터 영적 신비로운 빛을 알았거든 주문하여라
태양의 영적 신비로운 빛의 사랑은 풍요로 나를 감싸니
그것이 곧 현실이 됨을 이루니 주문하여라)

하늘빛 주문 5

천이나물 일미두시
오미신주 지천이나
일두삼 이두타
일미두 일미도
선이나불 나미
해교우신 이진 나불비샤나

(천지 속에 나 하나만이 존재한다고 여겨라
끝이라는 것은 보이는 것이 없으며
고통은 모든 결과의 과정이며
그러하니 결과를 낳기 위한 과정일 뿐
고통이 끝이 나면 자신도 존재하지 아니하는
것이니, 지금이 내가 나를 새로이 가지라 이르나니

수가나야 나지나야

(인간의 진정한 삶에는 답이 있지 않으며
지나간 시간이 오지 않은 것처럼
지난 반복의 어리석음에 매이지 아니하면
평온이 마음으로 채워지리라)

하늘빛 주문 6

연성불허 태화만족
불은지훈 미지내허선
도담은 미래는 내것과 다름없고
신주지현 만무래 하다하니
토반묵식 해달하구나
나토지사니 구허려고
수백리 달려온들 모르는 빛이구나
깨달아서 알려하니
귀하고도 귀한 빛을 마지막에야
보는구나

천상경

천지부조 만로일조

내가 지닌 것이 진이 아닌 것이며 만든 것도 아니니라
오로지 내 것인 것은 나의 마음만이 내것이리라

유지불 나미다리 오지미가라

나는 누구요 닮은 것이 없고 변할 것도 없음이라
세상은 공평한데 나는 불만을 갖고 있구나

유림불 나미나미 유유다지나라

영적 지혜가 적어 입은 해는 누구를 탓할 것인가

하루와 하루와 도타나 하루와

읽음에 아는 것은 정해진 것에 가둠이며
눈으로 보는 것은 마음으로 보는 것에 바할 수가 없음이니

나라가타라 오미다음 유스부처 대지나불

믿음은 불과 같으나 뜻을 깨닫는 것은 빛의 사랑이라
알고도 평안치 못함은 채우지 못한 어리석음이리라
빛은 아래로 향하니 받으라 여긴 것이며,
고통 속에 빛으로서 사랑으로 만들라 여긴것이라

해고라 도문비라 나바타 바문

마음에 새겼거든 믿어야 빛이 되며

불미다문 오문비라

삶이 적지 아니한 것을 알았으면
그 가치가 더 큼은 알았으리라

의식을 깨워라, 길이 보인다

나는 스스로 나의 현명하고 지혜로운 길을 찾을 수 없었다. 삶은 먼 길이었으며 보이지 않는 터널과도 같았다. 스스로 어찌할 수 없음을 슬퍼하였으며 때론 고통의 시간이었다. 삶은 간절하였으며 나의 눈물은 나를 위로하지 않았다. 애절함 속에서 그 무엇인가 삶의 부족함을 채워가야만 했다. 아픔이 아닌 희망 속에 나를 던졌다. 나의 육체가 알지 못했던 나의 길을 찾아냈다. 그것은 나의 영이 빛을 간절히 바랐으며 내 안에 신비로운 빛을 채워가며 스스로 높은 영이 되어가는 법을 배워갔다.

부정과 어리석음을 버리며 긍정과 희망의 길을
선택하며 빛의 사랑 속에 내 삶을 맡겼다.

나는 사랑의 길이 있음을 깨달으며 두려움이 사라졌다. 용기로써 삶을 이겨내며 지혜로써 방법을 찾아간다. 빛이 가르쳐준 사랑 속에서 나의 길을 만들어낸다.

천삼재

선한 것이 베푸는 삶이라면 악한 것은 무엇인가
빛이 내 자리를 비추나 알아가기가 어려우며
부모가 거두고 입히고 먹이는 시간들이 지나고 보니
험하고도 고됨이 자라게 하였으리라.
내가 가진 세상이 험하고도 고됨이 비켜갈리 만무하였으리라
나에게 비추는 하늘의 빛이라면 나였으리라
내 자신의 어리석은 무지함으로 그 빛을 알아내지
못하였기에 무엇이 원이고 무엇이 피고인가 무르되 무지하여
알 수가 없었으리라
희고 검은것은 눈에 보이니 알 수 있으되
내 자신의 마음의 눈은 뜨지 못함이라 다시 보며
많은 것을 배우고 깨닫기까지 겪어 왔던 지난 세월을 배움으로 여기며
하늘이 나에게 준 아름다운 빛의 시간으로서 마음으로 받으며 지혜로서 깨달으니 남은 시간들이 소중하여

하루가 귀함이라
천지인이 일체하여 좋은 것만 보게 하고
천지인이 일체하여 좋은 산을 넘게 하고

천지인이 일체하여 얻은 것을 감사할 때
비가 오는 것을 마다치 아니하며
곡식을 얻는 것과 같으리라
인간이 깨달으면 하늘의 빛으로서 못할 것이 없으리라.
부모를 여윈자는 자손에게 입을 옷을 주는 것과 같으니
천지인 합으로서 천삼제 하늘에 올리니
마치 구름이 걷힘과 같으리라
하늘의 시간 속에 인간 삼재도 거치하며
내려 거두는 것도 하늘이라.
벌이 무섭거든 선히 살면 무히하며
악하게 살면 시간이 더디 가리니
바름이 앞을 서면 빛도 발할 것이며
인간 삼재가 두려울 리 있겠는가
영신 불구에 미련한 인간이라,
두려움에 떨고 사는 시간이 아깝구나
하늘이 비추는 신비로운 빛 속에 영적인 지혜로
높은 영을 만들어 갈 때 지혜가 풍요로워
방법을 찾아내면 그 길이 곧 빛의 길과 같으리라

청량이 가득할 때 비가 올 리 만무하고
바람이 불지 아니하니 파도가 일지 아니하니
모든 것은 인간 스스로 만들어가는 고통이니,
옳은 것과 바른 것을 먼저 봄이 마땅하리라
마음은 평화롭고 지혜는 높여가면
무천을 가진들 걱정이 있겠는가
하늘과 천지영에 남은 것은 결코 없으되
살아가는 시간만큼은 편하지 않겠는가

천이도(일장)

육바라밀
이수도 부밤비
독다남 만보비
주주부비 만도족부
미만다 라라비
육부체내 지낸비가
직가 만고가 허비나니
육육심 천부비가
남지가 아니하니
육심이 미부하나니

천이도(일장) 해석

*돌아가니 허무하며,
남기고 가자 하니 가지 못할 심이라.
비로소 돌아가니 속은 누더기처럼 꿰매 입고,
겉만 멀쩡한 것이 옳지 아니하였더라.
겉과 속이 같음은 깨닫기가 어려우며,
몸은 미천하나 마음은 귀하였으리라.
한평생 쉴 새 없이
움직였으나 남은 것은 없게 되니,
천하에 내 것이 없었음이라.
인생이 허무하다 스스로 알게 되니
육체가 갈 길을 잃어서야
하늘이 보이듯이, 몸이 물에 젖었다 하여
마르는 법까지 일러주기 어렵도다.
선한 것과 바른 것을 알고 살았으리라 믿기에,
마음에 반드시 하늘의 길을 알고 갈 것이라
이르나니.

천이도(이장)

영영비체 돌아가니
손손이 대대가
대대가 손손이
자유로이 돌아가소

앉은자리 편안하고
걷은 자리 영화롭고
나로써는 가는 길이 청화롭고
영화로우니
육대손손 자비가
만대자손
후에 손손
복 많이 받으소서

천이도(삼장)

홍해지해 무진영화
자연측은에 무지하에
온즉플문하고 지만덕두하여
내리는 영가고혼이
하늘에 다가가니
아무렇지 않다하면 거짓이요
섭섭하다하면 부질없고
남긴미련 없어지고
가벼이 돌아가니
나의 자손 잘 되기를
빌어 남고 가나이다.

천이도(사장)

지 인위 무무영가 천화도

(욕심을 먹으니 육신이 허망하며
얻어지는 것에 소중함이 적어지리라
얻은 것도 남은 것도 귀한 것 없었으리라)

천이도(오장)

이수도 부밤비
독다남 만보비
주주부비 만도죽부
미만다 라라비
육부체내 지낸비가
지고가 만고가 허비나니
육육심 천부비가
남지가 아니하니
육심이 미부하여서 돌아가니
허무하며 남기고 가자하니
가지 못할 것 같으므로
오늘이여 비로소 돌아가나니
영영비체 돌아가니
손손이 대대가 대대가 손손이
앉은 자리가 편안하고
걷는 자리가 영화롭고
나로써 가는 길이 청화롭고 영화롭고
육대손손 자비가 해롭지 아니하니
만대자손 후대손손
복 많이 받으소서

천이도(육장)

길삼구저 가려 지칭하니
어렵고도 귀하도다
처음이 그러하나
마지막도 없음이라
이치가 분명하여
천여빛 받기를
도달하고저 하니
가장 희고 깨끗함으로
다가오리라.

영적 빛에 반응하는 삶

우주의 영적 신비로운 빛은 인간의 삶의 길에 가장 큰 경이로운 빛의 길이였다.

영적 사랑의 신비로운 빛 속에 우리의 삶이 흐르고 있다.

경의롭고, 평화로운 빛으로서 우리의 삶을 안내한다.

빛의 경의로움 속에 빛의 사랑을 알아가며 스스로 마음으로부터 받아들이며 알아 갈 때 또 다른 삶의 길을 알아낼 수 있다.

스스로 생각을 변화시키고 마음의 눈으로서 빛의 신비로움을 인정하며 긍정이 생각으로서 받아들일 때 영적인 빛은 반응하게 된다.

영에는 빛이 가진 신비로움을 채워야 한다.

영적 신비로운 빛을 인정하며 그 속에 자신의 마음을 빛이 가진 비밀 속에 들어가야만 한다.

인간의 영과 빛의 영이 같음을 찾기에 영적인 빛으로 만들어져 있다.

그러나 인간의 영은 빛이 가진 신비로움을 갖지 아니하였다.

인간에게 가장 필요한 빛이 가진 경이로움이 자신의 영에 높음을 갖게 하며 생각의 변화를 만들며 지혜의 영역에 키움을 만들어낸다

빛이 가진 다채로움의 영적인 사랑 안에 인간이 필요한 가장 큰 삶에 길이 숨겨져 있다.

인간의 뇌는 빛의 영역에 들어가기를 거부하며 현실에 매여져 있다.

빛의 영적 사랑의 길을 알기까지 많은 어려움이 있으며 스스로 알려 하지 않는다.

영적 신비로운 빛의 사랑 안에는 지혜와 용기와 바름과 평안의 빛이 흐르고 있다.

영적인 빛은 긍정에 반응한다.

우리에게 사랑의 길을 안내하여 준다.

인간이 그토록 알아내지 못했던 빛의 사랑을 우리는

이제 영적으로 깨어나는 시간을 맞이하였으며 그 빛 속에 우리는 비밀을 알아 가야 한다.

영적 신비로운 빛은 나를 위해 존재하며 나의 시간과 함께한다.

나를 위해 끝없이 비추어 내는 사랑이 있음을 받아들이며 나를 맡겨야 한다.

영적 메시지

마음의 소리를 멈추지 마라.
의식의 말을 반복하여라.
영적인 빛의 사랑은
너희의 의식 속 반복에서 이름을 만들어 가리라.
변화를 기다리지 마라.
스스로 의식을 변화시켜야 삶의 길을
알 수 있으리라. 빛을 가진 영이 되어라.
빛을 가진 높은 영은 방법을 알아내며
마음의 소리를 들을 수 있으리라.
빛은 과거를 비추지 아니한다.
빛은 미래의 길을 비춰낸다.

빛의 메시지

육체의 흐름 속에 빛이 반응하게 하여라
육체의 평온 속에 빛을 받아들여라.
영의 자유로움을 가질 수 있도록 만들어라.
육체에 빛이 닿아 있으며 영의 깊이까지 가게 하여라.
영적인 자율성에 빛이 반응하게 하여라.
육체가 먼저 빛을 이해하여라, 영이 반응하리라.
빛은 이해하는 것이 아니라 받아들이는 것이다.
너 자신의 부족함을 빛으로부터 채워가라.
너희의 순수한 영적인 힘을 이끌어내라.
빛의 선택은 너의 영에 평온을 만들어 내리라
영의 자유로움은 길을 만들어낸다.
빛이 만들어 낸 길은 인간의 삶의 방법을 찾아낸다.

빛의 사랑

당신의 두 눈 사이, 의식의 커튼을 열어 보세요.

당신의 또 다른 눈은 이제 빛을 바라보아야 합니다.

우주가 당신에게 보내는 빛의 사랑에 당신의 의식을 맞추어 보세요.

지금껏 당신의 의식은 빛의 경이로움을 경험하지 못했습니다.

당신은 평온의 빛을 선택한 적이 없기에 평온을 갖지 못했을 것입니다.

현실에 매인 지금 것의 삶, 그것이 다 진실이라고 믿었을 것이며, 슬픔과 고통을 벗어나지 못하는

저 에너지 속에서 벗어나지 못했습니다.

만들어 놓고 또 만들어지는 인간의 어리석음 속에서,

진실이라 믿고 따르는 것처럼 지금도 따르고 있습니다.

그것은 만들어진 설계 속에서 반복되며 살아가고 있는 것입니다.

이제부터 당신의 실체적 진실 속으로 들어가 보세요.

의식 속에 자신의 영을 깨워내며,

빛의 사랑 속에서 길을 알아 가며 당신의 의식을 맡겨 보세요.

그리고 그냥 믿어야 합니다.

우주의 영적이고 신비로운 빛이 당신을 비추고 있음을 인정하며 받아들여야 합니다.

빛이 있음을 당신의 모든 감각으로 인정하세요. 당신이 존재하는 그대로를 맡겨보세요.

의식을 바꾸어낼 때 당신의 삶은 변화를 가질 수 있습니다.

당신의 의식 속에 확언의 빛을 채워보세요.

빛은 당신을 영원히 비추어냅니다.

빛의 사랑은 당신을 위해 존재합니다.

우리는 높은 영의 지혜를 가진 자들이 고에너지로부터 빛의 세계를 알려고 합니다.

영적인 빛의 고주파수를 안다는 것입니다.

현실이 자신의 뜻대로 되지 않을 때,

당신의 의식은 보이지 않는 그 무엇인가에 자신의 마음을 기도한 적이 있습니다.

그곳이 바로 빛의 사랑이었습니다.

빛이 만들어내는 변화 속에 당신의 삶을 바꾸어보세요.

당신은 지금 빛이 만들어내는 비밀을 알아낼 수 있을 것입니다.

빛의 기도

빛의 사랑으로서 저에 영의 성장을 높여가며

저의 깊은 의식을 키우는 시간을 가지며, 변화로서

저의 또 다른 길을 만들어가겠습니다.

지나온 저의 시간들에 고통과 슬픔을 빛의 사랑으로서 멈추게 하겠습니다.

저에 막연했던 삶의 시간들을 빛의 사랑의 지혜로서 새로운 길을 열어 가겠습니다.

저를 비추어 내시는 그 사랑을 알지 못하였기에

삶의 두려움 속에서 저는 벗어나지 못하였습니다.

저에게 큰 사랑이 함께 하였음을 저는 깨닫지 못하였습니다.

그러나 이제는 두렵지 아니합니다.

저의 마음으로부터 빛의 사랑을 받아들이며

저에게 주어진 시간을 함께 가겠습니다.

사랑과 용기와 지혜와 바름과 평안의 빛을 내안에 함께하며 저에게 주워진 모든 것들을

사랑하며 감사히 여기겠습니다.

저의 긍정에 빛은 움직이며 저의 원함에 길이 되어주시는 빛의 사랑에 감사드립니다.

저의 원함을 사랑하시며 저의 길을 비추어 내시는
빛의 사랑이 있기에 저는 포기하지 아니합니다.
스스로 행복의 길을 만들어 갈 수 있는 지혜와 용기를 만들어 가겠습니다.
스스로를 소중히 여기는 마음을 주시며
마음에 평온이 빛을 비추어 주셨습니다.
제가 힘들고 지칠 때 지혜의 빛을 비추어 내셨습니다.
저의 어리석음으로 제가 보지 못한 길을 비추어 내시며 가장 옳음의 길을 찾게 비추어 내셨습니다.
저에게 주워진 시간 동안 빛의 사랑과 함께 하겠습니다.
오늘도 빛의 사랑 앞에 저의 영에 높음을 가지며
키움의 시간을 함께 비추시는 사랑에
감사의 기도를 올립니다.

지금이 순간을 사랑하라

–우주의 에너지가 전하는 진정한 행복의 비밀 기도

나는 나 스스로 마음의 무거운 짐을 벗으려 한다.

무한한 행복을 찾기 위해 나는 태양의 영적인

신비로운 에너지 그 에너지를 통하여 강인함으로 만들어 내며 평온의 에너지를 만들어 내려한다.

인간의 육체는 험난한 곳에 놓여져 있으나

나의 높은 영만큼은 평온한 우주의 에너지가 나를 가르치고 있다.

◆영적 메시지

누가 너희에게 묻거든 대답하라.

너희의 마음의 소리가 너희의 높은 영적인 진실이며 그것을 바라는 방법과 우주의 에너지가

일치하면 너희가 과히 힘들지 아니할 것이다.

육체가 힘든 것을 탓하기보다는 높은 영적

에너지로부터 평온의 힘을 발휘할 수 있기를

원하여라.

먼 미래를 바라보며 살아가지 마라.

그때는 너희의 육체가 없지 아니한가

지금 주어진 삶을 사랑해야 한다

하늘의 영적 에너지는 인간의 삶을 가르치는 것이 아니라, 너희와 함께 하고 있다.

이루고자 하는 의지와 내면의 강인함에 사랑과

지혜를 담아야만 크나큰 힘을 발휘하는 삶이 될 것이다.

이 세상은 자연의 험난함보다 인간의 의미 없는

욕심과 욕망이 더 위험하다는 것을 잊지마라.

인간에게 완전한 삶이란 없다.

늘 부족하다 여기며 행복해지기만을 바라보는 것이 인간의 삶이다.

바라고 원하는 것은 많으나 만족하는 사람은 끝이 없다.

너무나 익숙해져버린 인간의 삶 속에 바르지 아니한 것이 그것이 마치 옳으며 진실인 것들처럼

살아가는 것 또한 너무나 많다.

나 자신이 옳다고 여기는 어리석음을 가졌으나

그것이 곧 어리석은 줄 모른다.

나와 다른 존재를 인정하기에 인간은 마음이 너무 부족하다.

스스로 경험해보지 못한 것에 대해 인정하지
아니하며 불평과 불만에서 벗어나지 못한다.
때로는 삶을 살아가는데 타인의 어리석은 말에
나의 정신의 삶을 허비하여 많은 시간을 쓰기도 한다.
거짓을 진실로 이해하는 어리석음과 그로 인하여
스스로가 삶의 길을 바르게 가지 못하는 길을 택하게 된다.
죽음 앞에 많은 것을 놓고 이야기한다면 이 또한 부질없는 일일 뿐이다.
신비로운 빛의 사랑을 통하여 스스로의 마음이 평온해짐을 느끼며,
스스로의 삶을 바꾸어가는 인간의 가장 아름다운
길의 삶을 살아갈 수 있도록 태양의 영적 에너지를 통하여 스스로의 삶을 만들어가야 할 것이다.

비밀! 평생 몰랐던 내 안의 힘

–영적 에너지로 두려움 없는 삶을 사는 법

자연은 하나이나 본디 하나가 아니며,
둘의 빛으로서 하나가 더 생겨나면
셋이 된 것이 곧 하나의 근원으로 돌아간다.
무한의 신비로운 빛 속에서 모든 것이 하나 되며
각기 다른 형체로 나타난다.
자연의 신비로운 에너지는 무한하나
인간의 에너지는 끝이 있으며 한계가 있다.
인간은 완성된 것 같은 모습을 갖추었을 뿐이다.
육체가 담은 높은 영, 높은 영이 깃든 육체는
신비로운 빛으로 완성되어 간다.
공간의 에너지는 늘 존재하나 인간의 무지함은
현실에만 빠져 무(無)에서 알 수 있는 것들을 알아내지 못한다.
듣는 것에 세상의 시간을 허비하며
보이는 것으로 모든 것을 판단한다.
끝없이 후회하고 슬퍼하며 공포를 느끼며 살아간다.
영적 에너지와 신비로운 일체를 느끼고 경험하려 하지 않는다.
인간의 지식과 경험을 또 다른 차원의 힘으로써
마음으로부터 깨우쳐 내야 한다.

마음의 소리가 들리는 훈련을 해야 한다.

자신의 소리를 듣는다는 것은 높은 영이 이끄는

삶을 말하는 것이며,

영적이고 신비로운 빛의 에너지는 우주의 에너지와 교감하며 내면의 소리를 안내받는 길이 된다.

누군가에게 삶을 의지하는 것이 아니라 자신의 영적 훈련을 통하여 지혜로 빛의 길을 찾아내게 되며, 삶의 두려움에서 벗어나 평온의 길을 찾게 된다.

인간의 간절한 상상을 현실로 이루어내는 기도의 훈련은 태양의 영적 에너지로부터 만들어질 수 있다.

아름답고 신비로운 빛의 에너지 속에는 인간이 가장 필요로 하는 것을 만들어내는 힘이 존재하며, 긍정의 에너지를 만들어낸다.

빛의 소리를 들을 때 내가 원하는 것을 이루는 힘을 만들어낸다.

마음의 깊이로 빛의 소리를 느끼며 스스로에게 전하는 메시지가 영적 에너지의 빛이 가르쳐 주는 길이 될 것이다.

우주와 지상에 가장 선하고 아름다운 빛이 존재하나, 인간이 이를 알지 못하며 쓰지 못하는 것이 가장 어리석은 삶이라 할 수 있다.

영적 에너지는 소통하는 것이 아니라 수용하며 융화하는 것이다.

나 자신을 일깨우며 내가 지금 어떻게 살아가고 있는지,

삶의 방식이 맞는 길을 가고 있는지
우리는 돌아볼 필요가 있다.

자신이 원하는 것과 그렇지 못한 삶을 깊이 돌아볼 필요가 있다.

태양의 영적 에너지는 자신이 알지 못했던 삶의 길을 만들어 갈 수 있는 힘을 생성하게 된다.

경험해 보지 못한 삶을 만들어내며 평온의 삶으로 이끌어 간다.

또 다른 나의 세상이 존재함을 말하고 있으며 알아갈 수 있다.

만들어가는 시간에 작은 희망의 빛이 나의 꿈을 이루는 큰 빛이 되어간다.

스스로의 마음을 영적 에너지로부터 높여가며
나의 삶을 바꿔나갈 때 또 다른 희망으로 삶이 두렵지 않게 된다.

몰랐던 나의 삶의 비밀을 알아 가며, 인간의 높은 영의 에너지와 태양의 영적 에너지가 하나임을 알며,
그 빛으로 인하여 또 다른 삶의 비밀을 알게 된다.

신비로운 빛을 자신을 향해 잃지 않는 자세가
융화롭고 온화롭다.

아름다운 선율로서 파동을 느끼며 평온의 자세로
받아들여야 한다.

태양의 영적이고 신비로운 빛과 자신의 높은 영의 평온한 마음이 일체가 되어 움직이게 되며,

마음이 원하는 것에 회양선이 움직이게 되면 파동의 움직임을 느끼며, 그 시간과 일치하는 내향선에서
그 뜻이 일어나게 된다.
우주의 시간과 인간의 시간이 다르므로
바램의 때를 기다려야 한다.
본질이 합성하여 무의식에 적용되며 스스로 알지
못하는 생각이 일어나게 되고,
용기와 판단력이 형성된다.
시간의 때를 묻지 않아도 그때가 돌아오며, 원하는 것의 크기와 부피가 나와 맞지 않아도,

인간의 판단으로 그 시간에 가는 길보다 더 빠른
길을 우주는 찾아낸다.
마음이 하나로 일치하게 되면 자신의 또 다른 모습을 보게 되며 새로운 내면의 자신을 만나게 된다.
영적 에너지는 분노가 없으며 흐린 판단이 없다.
순수하나 신비롭고, 평안하나 강력한 힘의 세계가
일어날 수 있기 때문이다.
인간에게 가장 크나큰 선물이며 최후의 수단이기도 하다.
태양의 영적이고 신비로운 에너지는 인간이
살아있을 때 존재하는 것이며,

인간 스스로 해결할 수 없는 삶에서 가장 크나큰
길을 찾아낼 수 있는
유일한 인간의 선물이 되는 것이다.
스스로 알기를 노력해야 한다.
공간에 놓여 있는 빛의 에너지는 곁에 가까이
있으며, 스스로가 받아들이며 쓰기를 원해야 한다.
알 수 없는 신비로운 힘이 길을 찾아가는 것을 부정하지 말라.
이를 부정하는 이들은 죽음을 두려워하는

나약함 속에서야 그 뜻을 알게 될 것이다.
고통이 다가올 때 신비로운 영적인 에너지를 찾아 그 바람을 이루고자 하나,
기쁨이 미리 이루어지기를 에너지로부터 안내받기를 원해야 한다.
하늘의 영적인 에너지 속에 사랑과 평온이 존재하기 때문이며, 고통과 아픔은 인간의 것이기 때문이다.
원하거든 바라야 한다. 그것이 인간의 마음과 영적인 빛을 일치하게 만들어내며,
가장 신비로운 평안의 길을 찾아야 할 것이다.

천상의 자비언

천상은 신비로움이며
내 안과 그 위에 존재함이며
멀지도 가깝지도 아니한 것이며
아끼지도 버리지도 아니하며
많지도 적지도 아니하며
의문하고 벌하지도 아니하며
줄 것과 거두는 것이 같지 아니하며
택한 것과 얻을 것을 원치 아니하니
진리에 답을 청하여라 하였다.
진리에 탐하지도 벌하지도 않음이라.
이러한 역사함에 도울 것이 많으나
참을 것이 많은 까닭에 너희는
버려짐과 깨달음에 빛으로도
바라보아야 할 것이다.
천상의 발복은 열함에 있음으로
복심의 마음은 천마음이라 하고

잃을 것이 없으니 바라지 말라 함에
그 뜻이었다.
이미 신의 진리 속에 너희에게
내렸으며 너희 곁에 함께 함이니 그러하다.(1/2)

북두 대성 칠원성
나는 그곳에 무한한 답을 주웠다.
그곳에 따라 법을 배워라.(2/2)

궁주이야기

신은 감정을 갖지 아니하며
인간의 기도로써 바라시는 열망을 들기는 하나
그 시간과 방법이 같지 않다.
헤아림은 가장 현명함에 선택하여 도우시나
인간은 그 뜻을 헤아리지 못하거나
기다리지를 못할 뿐이다.
기도는 쌓아지는 것이며 천상은
많은 시간의 기도로써 그 에너지가 하늘과 닿을 때
내리시는 것이며 인간이 처해진 역경의 해결
방법보다 더 현명한 방법을 찾아 주신다.
인간의 바램들은 천의 빛 에너지로
가능한 것이며 빛으로 늘 우리 곁에 존재하기 때문
이다. 바램과 절실함은 地와 人의 에너지를
하늘에 올려야 들을 수 있는 것이다.
신이 있느냐? 없느냐의 질문들은

익히 많은 사람들이 얻지 못한 답이다.

궁주승운은 말할 수 있다.

신은 반드시 존재하며 신비로움이며 가늠할 수 없는 빛이시다. 엄격함에 계시며 그 힘의

에너지는 무한하며 자유롭다 하겠다.

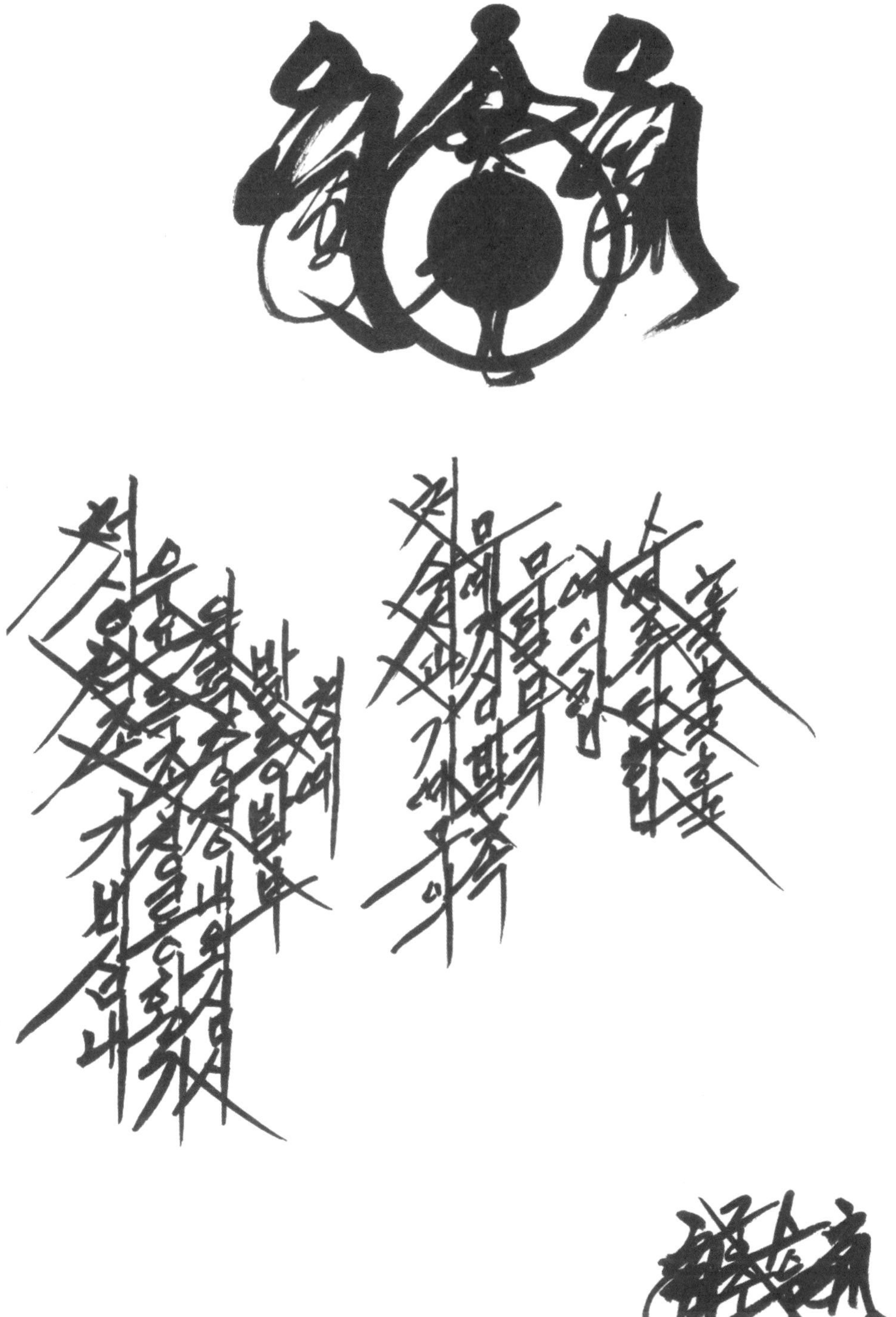

天

빛결

(빛의 모음)

1. 심정지율신위
2. 천지위길차신
3. 변지좌율심의
4. 좌연조윤지위
5. 내심변위조율
6. 미비심인조율
7. 하연필지 좌연지
8. 천회양 지정회
9. 율란지위 평도자기

빛숨

(숨속에 담는 빛: 빛의 받아들임)

빛결
(빛의 모음)

1. 심정지율신위

머리, 어깨, 척추로 빛의 에너지를 느끼며 양 어깨를 뒤로 펼쳐 빛의 에너지를 흐르게 하고, 다시 두 손을 합장한다.

* 빛을 받은 어깨와 명치를 일직선으로 정렬하고, 생각의 깊이를 모아 모든 신경을 집중한다. 그 집중을 아래로 내려 보내 빛의 파동을 고요히 멈춘다.

2. 천지위길차신

심장 좌우로 빛의 기운을 밀어 확장한 뒤, 그 흐름을 그대로 위로 끌어올린다. 다시 내려 배에 머물며 빛의 떨림을 느낀다.

* 하늘의 영적인 빛의 파동을 손으로 모아, 머리와 가슴에서 그 파동을 함께 느끼며 모든 빛의 기운을 가슴과 팔에 집중한다.

3. 변지좌율심의

가부좌 자세로 앉아 호흡을 고르고 몸의 중심을 세운다.
허리를 좌우로 부드럽게 움직이며 몸 안의 기가 흐를 길을 연다.
손을 교차한 상태로 배에서부터 빛의 에너지를 느낀다.
빛의 파동이 좌우로 흔들리며 심장으로 상승하는 흐름을 따라 간다. 같은 파동을 유지한 채 머리까지 천천히 기를 끌어올린다. 머리에서 모인 빛이 다시 몸을 감싸며 아래로 내려오는 것을 느낀다. 상승과 하강을 반복하며 기와 빛의 순환에 온전히 집중 한다.

* 내 안에 들어온 빛의 기운을 몸 전체로 느끼며, 손끝에서 하늘의 빛과 인간의 영의 파동이 하나로 일치하도록 만든다.

4. 좌연조윤지위

빛의 에너지를 두 손 안에 모아 좌우의 파동을 느끼며 위로 끌어올려 두 손을 교차하고, 손을 내려 두 눈에 영적인 빛을 깃들인다. 이어 그 빛을 심장으로 내려, 파동을 따라 좌로 우로 회전한다.

* 빛이 지닌 파동의 기운을 양팔과 손에서 느끼며, 그 움직임과 떨림 속에서 빛의 존재를 스스로 자각해간다.

5. 내심변위조율

어깨를 뒤로 펼쳐 가슴을 최대한으로 열고, 머리로는 고요한 무한 속에서 자신을 느끼며 몸의 무게를 내려놓는다. 그리고 공기가 몸 안으로 들어오며 빛의 에너지가 스며드는 것을 느낀다.

* 자신의 의식 속에 빛이 있음을 인정하고, 심장이 그 빛과 만나도록 움직임을 만들어 모든 부정적인 생각을 내려놓는다.

6. 미비심인조율

양손으로 심장과 배를 부드럽게 쓸어내리며 빛을 안으로 모은 뒤, 손을 옆으로 펼쳐 빛의 가벼움을 손으로 느낀다. 그다음 손바닥을 아래로 하여 지의 기운을 느끼고, 자신의 가장 약한 부분을 떠올리며 그 안에 강한 빛의 기운을 만들어낸다.

* 인간의 나약한 마음이 변화하여, 빛의 사랑이 자신의 영의 빛으로 전환됨을 스스로 인정한다.

7. 하연필지좌연지

왼손으로 오른팔꿈치를 지지하고, 의식과 빛의 에너지를 실어 오른팔이 자연스럽게 상승하도록 한다.

양팔을 그대로 접어 가장 강한 빛의 기운을 느끼며 내려가고, 양팔을 펼쳐 머리, 가슴, 배로 모든 빛의 기운을 담는다.

* 빛의 용기를 받아 긍정의 마음을 영에 담고, 바름의 길을 스스로 선택한다.

8. 천회양지정회

팔꿈치를 맞닿게 일직선으로 맞추어 머리에서 신체 끝까지 빛이 관통하는 흐름을 느낀다. 그 빛의 흐름이 아래까지 완전히 이어지면 복부에 강한 힘이 생기며, 자신의 기운이 더욱 강해짐을 깨닫는다.

* 빛과 빛의 사랑이 하나가 되어 몸을 감싸고, 자신의 몸이 빛 안에 있음을 느끼고, 지의 기운이 나를 받치며 강한 빛의 파동이 내 몸에 스며들어 영향을 미침을 느낀다.

9. 윤란지위 평온자기

몸을 좌우로 부드럽게 움직이며 빛의 흐름을 따라 부정한 기운을 흘려보내고, 좋은 기운만 남깁니다. 생각을 비우고 몸을 편안히 풀어줍니다. 빛의 자유로움 속에서 파동은 더욱 강해지고, 그 빛 속에서 지혜로운 길이 열립니다.

양쪽 어깨를 조여 양 손안에 빛을 안으로 모은 뒤, 손을 앞으로 이끌어 두 손에 모은 빛을 가슴에 댄다.

두 손을 앞으로 내밀어 빛의 파동을 받아들이고, 다시 뒤로 이끌어 두 손을 가슴 앞으로 모은다. 가슴 앞에서 빛의 파동이 살아 움직임을 느낀다.

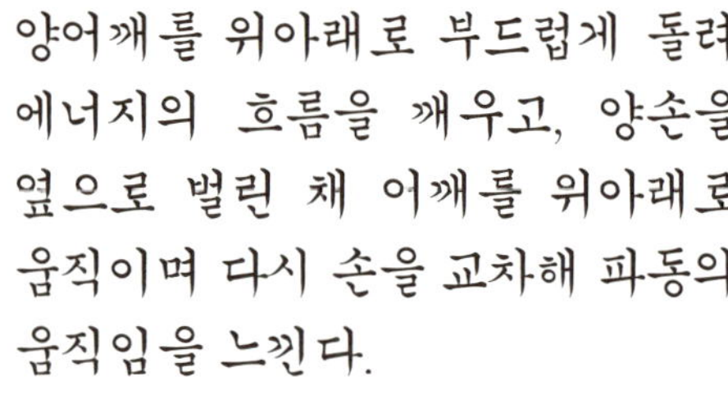

양어깨를 위아래로 부드럽게 돌려 에너지의 흐름을 깨우고, 양손을 옆으로 벌린 채 어깨를 위아래로 움직이며 다시 손을 교차해 파동의 움직임을 느낀다.
다시 양손을 벌려 손바닥으로 빛의 파동을 받아들인다.

왼손은 가슴에, 오른손은 머리에 두고 빛의 흐름을 느끼며, 육체가 스스로를 보호하는 파동에 집중한다. 움직임은 서서히 이어지고, 의식은 그 흐름에 머문다.
나의 보존과 육신이 빛과 함께 호흡하며, 빛의 파동 속에서 육체가 점차 강해짐을 분명히 의식한다.

빛의 파동을 느끼며 어깨를 들썩이고, 그 파동에 맞춰 팔을 위아래로 서서히 움직인다.

1)

1) 양 손을 머리 옆에 두고 빛의 파동을 느낀다.

2) 양 손을 가슴 옆에 두고 빛의 파동을 느낀다.

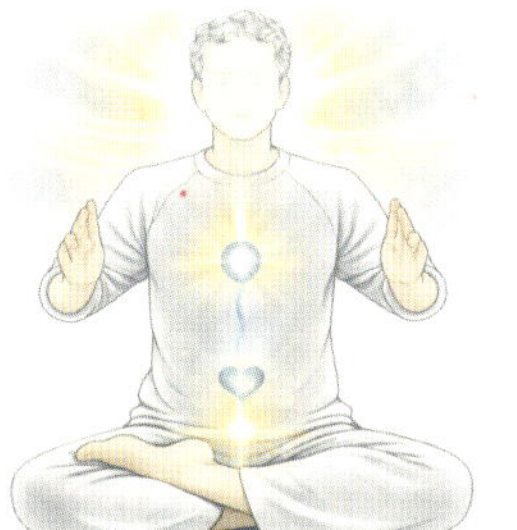

2)

3) 양 손을 배 옆에 두고 빛의 파동을 느낀다.

4) 양 손을 다리 옆에 두고 빛의 파동을 느낀 후 지의 기운을 느낀다.

3)

5) 다시 서서히 위로 올라가 쓰다듬듯이 배까지 내려온다.

4)

* 빛이 지닌 사랑이 나의 삶을 이루어 간다. 나의 생각과 동작은 빛의 길을 알아가며, 영적인 빛 속에서 의식은 새롭게 전환된다.
나는 빛의 옳음을 인정하고, 그 안에서 사랑과 평안을 받아들인다. 육체 또한 빛의 자유로움을 선택하고, 나의 영혼의 자유를 빛에 맡긴다.
그로써 가장 옳은 길을 가는 방법과 방향을 스스로 깨닫는 길이 열린다.

5)

빛숨
(숨 속에 담는 빛: 빛의 받아들임)

몸을 뒤로 젖히되, 척추와 경추를 위로 곧게 나란히 정렬한다.

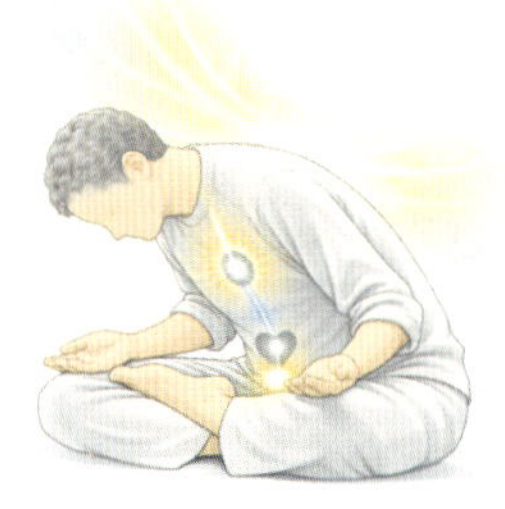

정렬을 유지하며, 몸을 그대로 앞으로 접는다.

곧게 앉은 상태에서 허리를 좌우로 움직이고, 어깨를 앞에서 뒤로 돌린다.

두 손을 심장에 모아 좌우로 움직인 뒤, 얼굴 위로 두 손을 올려 멈춘 상태에서 허리를 좌우로 움직인다.

영적인 빛의 힘을 손끝으로 느끼며, 그 움직임을 감지한다.

양 손을 벌려 손바닥으로 빛의 힘을 감지한다.

양손을 앞으로 하여 빛의 힘을 최고로 모은 상태에서, 척추와 경추를 곧게 세운 채 양손을 가슴 쪽으로 최대한 당긴다.

모은 빛을 하단으로 끌어와 집중한 뒤, 다시 머리 위로 끌어올린다.

머리는 긍정의 생각을 품고, 마음으로는 빛이 주는 사랑과 평온을 받아들인다. 의식을 스스로 변화시키며, 빛의 사랑을 나의 의식과 육체에 온전히 담아낸다. 그 과정 속에서 정신과 육체가 지닌 모든 고통과 부정을 내려놓는다.

양손을 앞으로 펴 그대로 들어 올린 뒤, 가슴 앞으로 내려 손을 무릎 옆에 둔다.

손을 무릎에 댄 채 허리를 뒤로 젖혔다가, 다시 앞으로 그대로 접어 엎드린 뒤 원자세로 돌아온다.

한 손은 어깨에, 다른 손은 허벅지에 두고 중심을 세운 뒤, 허리를 곧게 유지하며 뒤로 젖힌다.

배에서부터 가슴까지 빛의 흐름을 끌어올려 잠시 머문 뒤, 다시 복부로 내려와 명치를 지그시 누른다. 손을 아래로 내리며 '빛을 사랑합니다, 빛을 받아들입니다'라고 말하고, 그 빛을 의식으로부터 온전히 받아들임을 스스로 인정한다.

손으로 원을 만들어 태양이 떠오르듯 한 감각을 느끼며 위로 올린다. 눈앞에서 잠시 멈추고, 원 안에서 나의 눈과 빛이 하나가 되었음을 마음으로부터 집중해 바라본다. 양손을 내려 가슴에 대고, 나의 심장에서 일어나는 파동을 느낀다.

빛의 비밀

초판 1쇄 인쇄 2026년 1월 25일
초판 1쇄 발행 2026년 1월 30일

지은이 최은정(궁주승운)

펴낸이 강신용
펴낸곳 문경출판사
주 소 34623 대전광역시 동구 태전로 70-9(삼성동)
전 화 (042) 221-9668~9, 254-9668
팩 스 (042) 256-6096
E-mail mun9668@hanmail.net
등록번호 제 사 113

값 57,000원

ISBN 978-89-7846-888-6 03200